AF602700

JETONS, MÉDAILLES

ET SCEAUX

MONNAIES FRANÇAISES, ROYALES, BRETONNES, ETC.

VENTE AUX ENCHÈRES PUBLIQUES

HÔTEL DES COMMISSAIRES-PRISEURS, RUE DROUOT, 9
Salle n° 8, au 1er étage,

Les Lundi 11 et Mardi 12 Octobre 1897, à 2 heures précises.

EXPOSITION UNE HEURE AVANT LA VENTE

Commissaire-priseur :	*Expert :*
Me MAURICE DELESTRE	M. J. FLORANGE
RUE SAINT-GEORGES, 5	QUAI MALAQUAIS, 21

PARIS

La vente sera faite au comptant.

Les acquéreurs payeront, en sus des enchères, cinq pour cent.

L'exposition mettant les acheteurs à même de juger de l'état des pièces, aucune réclamation ne sera admise aussitôt l'adjudication prononcée.

M. J. Florange se charge des commissions qui lui seront confiées aux conditions habituelles (5 0/0 sur la limite).

Il se réserve le droit de diviser ou de réunir lès lots à son gré.

COLLECTION DE M. S.

JETONS, MONNAIES

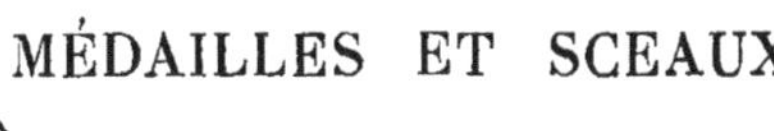

MÉDAILLES ET SCEAUX

JETONS

1 Lot de 20 jetons bannaux et autres. C.

2 Trésor du roi. C. — Jeton aux armes de Charles II de Valois et de son épouse, Jeanne de Joigny (R. et H., p. 116, n° 21). C. troué. 2 p.

3 + IETTES·SEVREMENT.IETTES. Écu fleurdelisé, en losange. ℟. VIVE·LE·NOBLE.DVC.VIVE. Croix cantonnée de fleurs de lis. C.

3 *bis*. + CEST NARME NTCAR. Écu de France parti de Bourgogne. ℟. + GETES ⁝ CONTES ⁝ SOVMES ⁝ BEIN. Croix fleurdelisée dans un quadrilobe. C. TB. et très rare.

4 — +CE∘SONT∘LES∘GETORS∘DE∘LA∘CANB'. Écu à trois lis, accosté de trois coquilles et entouré de six arcs de cercle. ℟. + GETTES (fleurs) SEVREMENT (rosace) GETTES (rosace). Croix fleuronnée et cantonnée de fleurs de lis. C. B.

5 Huit jetons variés relatifs à la Vénerie. C. Rare.

6 + DNE·SALVV̄·FAC·REGEM·NRM·FRANCISCV̄. Salamandre surmontée d'un F couronné, placé entre deux fleurs de lis. ℟. + I·PM·QZCVM··A···IN·PACE·NOBIS·CVSTODI. Croix fleurdelisée, cantonnée de quatre écus : France-Dauphiné, Orléans, France-Milan et France. C. B. De la plus grande rareté.

7 *François Ier et Henri II.* Six jetons variés. — Chambre du Trésor 1555. C. 7 p.

8 *Henri II.* Mendiant, debout, de face. ℟. Dans une couronne, main tenant une houe. C.

9 — SVMITE QVÆSTORES QVÆ ꝑFERT GALLIA GRATIS. Croissant entre deux cornes d'abondance; au-dessus, la lettre H couronnée. ℟. QVAS CÆLVM (sic) PRVIS DEDERAT DAT ORBI DIVITIAS. Bras armé d'un gantelet tenant une faux, un serpent et deux globes. C. Très rare.

10 *Charles IX et Henri III.* Chambre des comptes, etc. 10 p.

11 *Henri III.* Conseil du roi. Écu de France couronné et entouré du collier de l'ordre de Saint-Michel. ℟. TONITRVS.NON · HORRET.OLYMPVS.1581. L'Olympe au milieu des nuages. Arg. TB.

12 *Henri IV.* Écus de France et de Navarre. ℟. THEMIS·CVM·PACE·RESVRGIT·1600. La Paix relevant la Justice. Arg. TB.

13 — MOLLITE·COLENDO·1602. Trois arbres aux branches entrelacées. ℟. QVÆSITA·REPONVNT·1602. Ruche et abeilles. Arg. B.

14 *Henri IV et Louis XIII.* 10 jetons variés. C.

15 *Louis XIII.* Sacre à Reims, 1610. Arg. et C. 4 p.

15 *bis.* — Conseil du roi. Allusion au siège de la Rochelle, 1627. — Extraordinaire des guerres, etc. Arg. 3 p. B.

16 — Trésorerie général des fermes. SEMPER METIT QVI NON EVELLIT. 1636. Deux faux posées en sautoir. C. TB.

17 *Louis XIV.* La régence d'Anne d'Autriche, 1643. Buste du roi. ℟. Le roi et la reine-mère assis sur un trône. (Coin de Dollin). C. B. Rare.

18 — Sacre à Reims. 1654. Joli jeton en argent.

19 — MAIOR·AB·AQVILONE·FLORES·ET·FRONDES. 1651. Vue du Pas-de-Calais. — Allusion à la prise de Montmédy, 1658. Arg. 2 p. B.

20 — Famille royale, 1693. Tête du Roi, à dr. ℟. Bustes du dauphin, du duc de Bourgogne, du duc d'Anjou et du duc de Berry. Arg. FDC.

21 — Quatre jetons. Arg.

22 — Trente-cinq jetons. C.

23 *Louis XIV.* Ligue de Suisses et Grisons, Chasse royale, Bâtiments du roi, etc. B. 6 p.
24 *Louis XV.* Sacre à Reims, 1722. Arg. (Coin de Roettiers). FDC.
25 — Fiançailles avec l'Infante d'Espagne, 1721. Arg. TB.
26 — Compagnie royale d'Afrique, 1774. AVCTA·LYBICIS·OPIBVS·MASSILIA. Arg. octog. Rare. FDC.
27 — Ordinaire des guerres, 1751. Arg. TB.
28 — Parties casuelles, 1739. Arg. B.
29 — Trésor royal, 1758. Arg. B.
30 — Bâtiments du roi, 1744. Arg. B.
31 — Dix jetons. C.
32 *Louis XVI.* Sacre à Reims, 1775. Arg. (Coin de Léonard). B.
33 — Compagnie d'assurances « Le Phénix », 1786. Br. octog. TB.

PARIS

34 Municipalité, prévôts, échevins et receveurs des pauvres. 20 jetons en cuiv. et 4 jetons en arg. parmi lesquels ceux des prévôts Morcau, 1634 et Le Pelletier, 1674.
35 Éclairage s. d. et 1708. Arg. 2 p. TB.
36 Chambre des Monnaies + DE LA:MOVNOIE:DV:ROI: xive siècle. Rare. C. B.
37 — 5 jetons variés aux balances. C.
38 Cour des monnaies sous Henri III. 4 var. C.
39 — Louis XIII. 5 var. C.
40 Monnayeurs, 1723, 1756 et 1767. Arg. et 2 jetons en cuiv. 5 p.
41 A. Hac, greffier de la cour des Monnaies. C. 2 var.
42 J. Poitevin, premier président de la cour des Monnaies. C. TB.
43 Lebrun, conseiller du Roi, 1645. C. B.
44 Fr. Langlois, intendant des Monnaies, 1768. Arg. octog. TB. Rare.
45 Vue de la Monnaie. ℟. Vue du château de Bellevue, 1752. Arg. octog. B.
45 *bis.* Variété avec la date 1750. Arg. octog. FDC.

46 Maçons. Jeton au buste de Louis XVI. Arg. TB.

47 Commerce de bois flotté (1er Empire et Louis-Philippe). Buste de Rouvet. — Commerce de charbon de terre, 1813. Arg. octog. 3 p. TB.

47 *bis*. Charpente, sciage et charbonnage réunis (Coin de Dubois, 1840), etc. 4 p. Arg. octog. TB.

48 Chambre des entrepreneurs de maçonnerie, 1810. Arg.

49 Caisse d'Escompte du commerce, 1802. Buste du Consul. Arg. octog. TB.

50 Société générale forestière. Jeton de présence en écaille.

51 Caisse viagère. Consulat de Bonaparte, Cambacérès et Lebrun. An 8. Arg. octog. FDC.

52 Merciers, s. d., 1651, 1645, 1647, 1653, 1682, 1704 et s. d. C. 8 p.

53 Tapissiers, 1752. Arg. B.

54 Horticulteurs. Buste de J. César et corbeille de fruits. Arg. et cuiv. 2 p.

55 Traiteurs, rôtisseurs, pâtissiers, etc. 13 p. C.

56 Linard, marchand miroitier au Miroir Dauphin. Miroir supporté par deux dauphins. ℟. VENIANT MVLTI. Serpent enlacé autour d'un arbre au pied duquel deux petits lions debout; à l'exergue 1710 et L. (Loir). C. Rare. TB.

57 La Sorbonne. Buste de Robert de Sorbonne. ℟. CARD' DUX DE RICHELIEU INSTAURAVIT AN' 1642. Vue de la Sorbonne. Arg. octog. TB.

58 Marchands apothicaires et épiciers, 1710. Arg. TB.

59 Académie de musique. Buste de Napoléon Ier, à dr. ℟. Apollon jouant de la lyre. Arg. octog. (Coin de Gatteaux). FDC.

60 Église Sainte-Geneviève, 1740. La sainte planant au-dessus de Paris. ℟. Procession. C. Rare.

PROVINCES

61 Société d'agriculture et des arts de Seine-et-Oise. Arg. octog. TB. Société des sciences naturelles de Seine-et-Oise. Arg. TB.

62 Chapelle de Fontainebleau. 1610. C. 3 variétés.

63 Notaires de l'arrond. de Pontoise. Arg. octog. (Coin de Caqué, 1833). FDC.

64 *Rouen*, 1605 (Coin de Briot). Déchargeurs des quais, 1638, etc. C. 3 p.

65 — La Rochefoucauld, archevêque. Prieurs et juges consuls. Arg. 2 p. TB.

66 *Bretagne*. États de 1728 et 1768. Arg. 2 p. TB.

67 *Languedoc*. États de 1659, 1678, 1698 et sans date. C. 4 p. — États de 1733. Statue équestre de Louis XIV. Arg. TB.

67 *bis*. *Grenoble*. Laurent Alleman, évêque. Ses armes. ℞. DEVS.COMES.CASVS.IN.OMNES. Main tenant un bâton, entouré d'étoiles. Cuiv. Très rare. B.

68 *Lyon*. M. Aumaistre, écuyer, baron de Saint-Marcel, et M. de Lafont, échevins, s. d. (1692). C. TB.

69 — Porte de la Pradelle. Arg. TB.

70 *Avoués*. LEGE, DUCE COMITE JUSTITIA. La Loi et la Justice debout; à l'exergue : *Mercié à Lyon*. ℞. QUIETAM NEMO IMPUNE LACESSET. L'égide suspendue à un palmier. Arg. TB.

71 *Bronod* (Claude), avocat au Parlement de Paris et aux conseils du roi, résidant à Lyon. DVM·FRVOR·VROR. Ses armes. ℞. Écusson aux armes de Lyon, entre les deux figures allégoriques du Rhône et de la Saône. Cuiv. B. Rare.

72 Villefranche. Loge du parfait Accord, 1798. C.

72 *bis*. Montrelais. Mines de houille. Arg. octog. (Coin de Caqué, 1828). TB.

73 *Nevers*. + : PRO : CAMERA : COMVNITA^T VRBI : NIVERN: Écu de Nevers dans un quadrilobe. ℞. + · ADORAMVS · TE : XPE · ET · BENEDIXIMVS. Croix fleuronnée, cantonnée des lettres OMRD (Fontenay, p. 406). C. Rare.

74 — 1621, 41, 49, 51. C. — 1688. Arg. 5 p. TB.

75 *Bourgogne*. Chambre des comptes, 1559. Chiffre de François II et main tenant une sphère. C. B.

76 Six jetons variés des États. C.

77 États, 1770. Arg. TB.

77 *bis. Dijon.* Bénigne de Cirey, maire. Jeton 1509. Armes de la ville et porc-épic. C. Très rare.

78 Maires de Dijon : Bohier, 1584, Laverne, 1590, 1591, etc. 33 var. C.

79 — Raviot, 1772. Moussier, 1787. Arg. 2 p. TB.

80 Canal du Centre ouvert en septembre 1792. Génie debout entre les figures allégoriques de la Loire et de la Saône, tient une carte sur laquelle on lit : DIGOIN-CHAL.; à l'exergue : RÉGIE I PRAIRIAL AN 7. Arg. octog. (Coin de Tiolier). FDC.

81 *Sens*, 1579. C. B.

82 *Besançon.* Bannière de Champmar, 1624, etc. C. 6 p.

83 Bouton de pèlerinage au saint Suaire. C. octog.

84 *Salins.* Salines, 1557. C.

85 *Reims.* Louis, cardinal de Guise, archevêque, 1584. C FDC.

86 *Nancy.* 15 jetons parmi lesquels un bel exemplaire au jugement de Pâris. C. — Sedan. Jeton gravé par Daniel Goffin. C. B.

87 *Flandre.* Chancellerie sous Louis XVI. C. (Coin de Duvivier). TB.

88 États de Valenciennes, 1785. Arg. B.

89 Mines d'Anzin et de Condé. C. 5 p.

90 *Ypres.* 1720. Arg. 2 jetons d'Artois en cuiv. 3 p.

91 *Bruxelles.* Prix de l'Académie des Sciences et lettres. Palais de Justice, 1779. Arg. 2 p. TB.

PERSONNAGES

92 *Aumont*, duc de Mazarin et de La Meilleraye (Louis-Marie-Guy d') et Louise-Jeanne de Durfort de Duras. Joli jeton relatif à leur mariage. Leurs armes sur un manteau couronné. ℟. Cartouche à leurs chiffres surmonté de deux colombes et entouré de trois petits Amours. Coin de Lorthior. Br. octog. B. Très rare.

93 *Arnauld d'Andilly.* Prise de la Rochelle, 1628. C. TB. 2 v.

94 *Barberini* (*Cardinal Ant.*), archevêque de Reims, grand aumônier de France, 1656. C. TB.

95 *Bergh* (*Alph. de*), archevêque de Malines, 1689. C. TB.

96 *Bernadotte* (*Charles XIV, Jean*). Son couronnement comme roi de Suède, 1818. Arg. FDC.

96 *bis. Bonnier de la Mosson* (*J.*), maréchal des camps et logis de la maison du Roi et trésorier général des États de Languedoc. Ses armes et son monogramme. Arg. octog. Rare. TB.

97 *Boucherat* (*P.*)., échevin de la ville de Blois, 1775. Arg. TB. — Bresson, enseigne des Cent-Suisses, 1673. C.

98 *Coignet de la Thuilerie* (*G.*)., cons. du roi, intendant du Poitou, Saintonge, La Rochelle et îles adjacentes, etc. Ses armes. ℟. HÆC·MIHI·MVRVS·ERIT 1629. Vue de la Rochelle ; au-dessus la Justice. C. TB.

Famille originaire de Bourgogne.

99 *Croix de Gourguemetz* (*L. de*). C. (*Revue belge*, 1856, p. 367). B.

100 *Croy* (*Ph., sire de*), prince de Chimay, etc. C. 2 var. B.

101 *Gavre* (*Ch.-Emm., prince de*), gouverneur de Namur, 1760. Arg. TB.

102 *Herisson de Villiers* (*J.*), fondeur de l'artillerie, 1598. C. Très rare. B.

103 *Larcher de Chamont* (*P.*), président de la Chambre des comptes. Buste de Cl. Larcher et ses armes, 1715. C. AB.

104 *Lelieur* (*Jacques*), conseiller du roi, correcteur ordinaire de ses comptes. Ses armes et croix. C. B. et rare.

Ce personnage est probablement identique avec Jacques le Lieur, sieur de Bremetot, conseiller échevin de la ville de Rouen (né vers 1490, mort en 1550), auteur en particulier d'un livre très intéressant « le Livre des Fontaines de la ville de Rouen ».

105 *Le Pelletier* (*Louis*), marquis de Montméliant, seigneur de Morfontaine, etc., conseiller au Parlement, maître des requêtes en 1754 et intendant de la Rochelle (1764) et de Soissons (1765). Ses armes. ℟. ELECTIS FIDITE. La Justice assise; à l'exergue LG. Arg. TB. Très rare.

106 *Mauroy (Séraphin de)*, conseiller du roi, intendant et contrôleur général des finances, 1641. C. TB. Rare.

107 *Richelieu (Card.)*, 1641. C. 2 p.

108 *Thévalle (Jean de)*, lieutenant général au gouvernement de Metz, 1572. Ses armes. ℞. DEO·ET·REGI. Trophée. Arg. TB. Rare.

109 *Thiard de Bissy*, gouverneur de la Lorraine. Ses armes. ℞. TVTA EST HIS FVLTA, 1675. Le roi David et un guerrier soutenant la couronne royale. C. TB. Rare.

110 *Ant., duc de Vendôme*, pair de France, comte de Marle et Soissons, et divers jetons personnels en arg. et cuiv.

MONNAIES ET MÉDAILLES

111 *Louis XIII*. Louis d'argent de 30 sols, 1643, au buste cuirassé et drapé. B.

112 *Louis XIV*. Demi-écu à la mèche longue, 1654. B.

113 — Demi-écu du Parlement, fr. à Rouen, 1684. TB.

114 *Louis XIV, XV et XVI*. Monnaies en arg., billon et cuiv.

115 — Période révolutionnaire. Monnaies en arg. et cuiv.

116 — — napoléonienne. —

117 — Napoléon I. 5 francs, 1812. Rome. Rare.

118 *Henri III et Louise de Lorraine*. Arg. 42 mm. Frappe moderne. FDC.

119 *Louis XIV*. Mort de Louis XIII en 1643. La Paix de l'Église en France, 1669. — Conquête de l'Alsace. Br. 3 p.

120 *Louis XV*. La citadelle de Briançon, 1722. — Chambre de commerce de Rouen, 1752. — Pont de Neuilly, 1772, etc. Br. 6 p.

121 — Buste du roi, à g. ℞. ET HABET SUA CASTRA DIANA. Trophée d'armes et d'instruments de chasse, sommé du carquois et du croissant de Diane, au pied duquel sont quatre chiens de races différentes. 32 mm. 12 gr. FDC. Rare.

122 *Louis XVI*. Convocation des notables du Languedoc,

1788. Buste du roi et légende. (Dillon, archevêque de Narbonne, et Loménie de Brienne, évêque de Toulouse). Arg. (Coin de Gatteaux). TB.

123 *Louis XVI*. Br. 2 p. — Louis XVII, sa mort (Caqué, 1822). •Br. 51 mm. et jeton. 2 p. — Quatre petits médaillons en argent aux bustes de Louis XVI, de Marie-Antoinette, de Mme Élisabeth et de Louis XVII.

124 Période napoléonienne. Méd. en arg. et bronze.

125 *Louis XVIII*. Le duc d'Angoulême visite la Monnaie de Limoges, 1814. Br. 33 mm. FDC. et 8 p. en bronze.

126 *Charles X*. Caisse d'escompte et de prêts de l'île Bourbon. Arg. octog. TB.

127 *Louis-Philippe*. Jolie méd. de Bovy. Agrandissement du port du Havre, 1844. 157 gr. 69 mm. TB.

128 *Louis-Philippe et Napoléon III*. Lot de médailles et de pièces satiriques.

129 *Bartenstein* (*Ch., baron de*). L'Académie de Louvain. Coin de Berckel. 18 gr. FDC.

129 *bis*. *David d'Angers*, peintre. Jolie méd. de Michaut. *Blanchard*, célèbre aéronaute, né aux Andelys. Jeton de Loos, 1788. Br. 2 p. 34 et 30 mm. TB.

130 *Emm. Théod. de la Tour, cardinal de Bouillon*. Méd. de Suzan dit Rey, 1700. Br. 56 mm. B.

131 Lot de médailles, plaques aux armes de La Rochefoucauld et de Lancosme et jetons en arg. et br.

132 *Phénicie. Aradus*. Tête voilée et tourelée de femme, à dr. ℞. Victoire debout, à g., dans une couronne. Arg. 27 mm. B.

MÉDECINS, CHIRURGIENS, ETC.

133 *Asch* (*G., baron d'*), né à Saint-Pétersbourg. Son buste, à dr. ℞. LIBERATOR A PESTE. Hygie présente une coupe à un serpent enlaçant un trépied ; à l'exergue : IN BELLO TVRCICO AD ISTRVM MDCCLXX. (Gass). Br. 53 mm. TB. Rare.

134 *Baglivi* (G.), membre de la Société royale de Londres, s. d. (Saint-Urbain). Br. 39 mm. TB.

135 *Baron*, doyen de la Faculté de Paris, 1732 et 1734. C. 2 var. B.

136 *Baron*, doyen de la Faculté de Paris, 1751 et 1754. C. et arg. 4 var. TB.

137 *Belzunce*, évêque de Marseille. Son buste, à g. ℟. Peste de 1720. A Belzunce, Marseille toujours reconnaissante (Chardoigny, 1821). Br. 41 mm. TB.

138 *Bichat*, né à Thoirette (Jura). 2 p. variées. Br. 51 mm. et 41 mm. B.

139 *Blumenbach* (*J.-Fr.*), né à Gotha. Son buste à g. ℟. Trois crânes (Gube, 1825). C. argenté. 50 mm. B.

140 *Bœrhave* (*H.*). Buste et légende (Vivier, 1819). Br. 41 mm. TB.

141 *Bouillaud* (*J.*), né à Garat (Charente). Tête, à dr. ℟. Légende (Caqué, 1838). Br. 41 mm. FDC.

142 *Bourru*, doyen de la Faculté de Paris, 1787. Son buste et deux femmes, — 1790. Son buste et légende. C. 2 var. B.

143 *Boyer* (de Marseille), doyen de la Faculté de Paris, 1758. C. troué. Rare.

144 *Brodie* (*B.-C.*). Buste, à g. ℟. Femme rallumant une lampe posée sur un piédestal (Wyon, 1841). Br. 73 mm. FDC. Rare.

145 *Caron* (*Ph.*), doyen de la Faculté de Paris, 1724. Son buste et les armes de la Faculté. C.

146 *Chifflet* (*J.-J.*), né à Besançon. Son buste, de face. ℟. Légende. (Maire de Besançon, 1837). Br. 55 mm. FDC. Rare.

147 *Chomel*, doyen de la Faculté de Paris, 1740. Son buste et les armes de la Faculté. C. TB.

148 *Col de Vilars*, doyen de la Faculté de Paris, 1742. Son buste et les armes de la Faculté. C. B.

149 *Doute* (*A.*), doyen de la Faculté de Paris, 1718. Son buste et ses armes. C. B. Rare.

150 *Fernel* (*J.*). Buste et légende (Depaulis, 1822). Br. 41 mm. FDC.

151 *Fernel et Ambroise Paré*. Leurs bustes, à dr. ℟. Vue de la Faculté de médecine (Gatteaux, 1795). Br. 60 mm. B.

152 Les mêmes. Même avers. ℟. ECOLE DE MÉDECINE

DE PARIS. Dans le champ : PRIX DE L'ÉCOLE PRATIQUE AN VI. Br. 60 mm, TB.

153 *Gall* (*Fr.-J.*). Tête et légende (Barre, 1828). Br. 46 mm. TB.

154 *Guidi* (*C.-S. des*). Sa tête, à g. R. L'AN 1830. L'HOMOEOPATHIE A ÉTÉ INTRODUITE A LYON, etc. (Pingret). Br. 51 mm. FDC.

155 *Guillotin*, de Saintes. Buste et légende (Duvivier, 1808). Br. 28 mm. FDC.

156 *Hahnemann* (*S.*). Buste à fort relief, à dr. ℟. Légende. Dans le champ, dans un cercle formé par un serpent : SIMILIA SIMILIBUS CURENTUR (Rogat, 1836). Br. 51 mm. FDC.

157 Le même. Tête, à g. ℟. SIMILIA SIMILIBUS CURANTUR MDCCCXLII. Cartouche à son initiale entouré de deux branches (Pinches, graveur anglais). Étain. 42 mm. TB. Rare.

158 *Harvey* (G.). Série de Durand. Étain bronzé. 41 mm. TB.

159 *Hecquet*, doyen de la Faculté de Paris, 1713 et 1714. C. 2 var. B.

160 *Hende* (*J.-Fr. van*). Buste, à g., et légende dans une couronne (Coin de Hondt). Br. 40 mm. TB.

161 *Hippocrate*. Buste, à g., et couronne (Rogat). Br. 41 mm. FDC.

162 *Holloway*, professeur londonnien. Buste et Hygie assise (Moore, 1858). Br. 35 mm. TB.

163 *Huygens* (*Ch.*). Série de Durand, 1821 (Henrionnet). Br. 41 mm. TB.

164 *Lanthois* (*E.*). Buste, à g. ℟. Autel sur lequel un vase où s'abreuve un serpent entourant le bâton d'Esculape (Tiolier, 1817). Br. doré. 45 mm. TB.

165 *Larochefoucault-Liancourt* (*Fr.-Alex.-Fred.*), président de la Société de la Morale chrétienne (Barre, 1829). Br. 41 mm. FDC.

165 *bis*. Larrey (J.-D., baron), mort à Lyon. Jolie méd. de Petit d'après David. Buste du célèbre chirurgien à dr. ℟. Génie deb., etc., 1847. Br. 25 mm. FDC.

166 *Martinenq*, doyen de la Faculté de Paris, 1748. C. B. Rare.

167 *Morgagni* (*J.-B.*). Son buste, à dr. ℞. SALVTI SCIENTIA. Minerve debout offrant un scalpel au génie d'Esculape ; derrière, un cadavre couché sur un lit (Mercandetti, 1808). Br. 48 mm. FDC.

168 *Oken* (*L.*), né à Ortenaw, mort à Zurich. ℞. Tête, à dr. ℞. Trois figures allégoriques égyptiennes (Kœnig). Br. 41 mm. FDC.

169 *Orfila* (*M.-J.-B.*). Tête, à g. et légende (Farochon). Br. 51 mm. FDC.

170 *Quélen* (*H.-L.*), archevêque de Paris. Choléra, 1832. (Gayrard). Br. 38 mm. FDC.

171 *Rabelais* (*Fr.*). Buste, à g. et légende (Gatteaux, 1818). Br. 41 mm. FDC.

172 *Reneaume de la Garanne*, doyen de la Faculté de Paris, 1736. C.

173 *Rouvière*, pharmacien, 1706. C. B.

174 *Sacco* (*A.*). Buste, à g. ℞. Dans une couronne : IENNERI·ÆMULO·AMICI·BONONIENSES·A·I·A B. ITAL·REP·CONS (Tadolini, 1802). Br. 55 mm. TB.

175 *Seutin* (*L.-J. baron*), né à Nivelles. Tête, à g. et légende (Wiener, 1852). Br. 62 mm. FDC.

176 *Stifft* (*A. baron de*). Buste, à dr. et légende dans une couronne (Boehm, 1834). Br. 52 mm. FDC.

177 *Sue* (*Eug.*). Buste et bâtiment (Rogat, 1846). Br. 51 mm. TB.

178 *Vesale* (*A.*). Buste et légende (Jouvenel). Br. 2 var. 47 et 34 mm. FDC.

179 *Vleminckx* (*J.-F.*). Buste, à g. et légende dans une couronne (Wiener, 1853). Br. 62 mm. FDC.

180 *Willelms* (*L.*). Buste, à dr. et légende dans une couronne (Wiener, 1853). Br. 62 mm. FDC.

181 *Zagorski* (*P.*). Esculape assis, de face, et légende dans une couronne (Lialin, Saint-Pétersbourg, 1836). Br. 51 mm. TB. Très rare.

182 *Amsterdam*. Esculape et écusson couronné sur un socle. Br. 50 mm. 2 var.

183 *Barcelone*. Peste de 1821. Br. 48 mm. TB.

184 *Bruxelles*. Société de médecine. 1841. Buste du roi Léo-

pold I, à g. ℞. Sept médaillons représentant des médecins (Jouvenel). Br. 57 mm. FDC.

185 *Bruxelles.* Variété avec la tête du roi, à dr. Br. 50 mm. FDC.

186 — Choléra, 1832 (Braemt). Br. 37 mm. FDC.

187 — — 1849 (Wiener). Br. 58 mm. FDC.

188 — Congrès humanitaire, 1874 (Würden). Br. 64 mm. FDC.

189 — Académie de médecine. Rob Boyveau-Laffecteur (Montagny). Br. 2 var. 42 mm. TB.

190 *Cambrai.* L'hôpital général restauré est confié aux sœurs de charité, 1829. Br. 51 mm. TB. — Société de bienfaisance, 1839. Étain. 27 mm.

191 *Lyon.* Société de pharmacie, 1806. Étain bronzé. 33 mm. B.

192 *Montpellier.* AUGMENTO SCIENTIÆ. Buste d'Esculape, à dr. ℞. Dans une couronne : SOCIETATIS MEDICO-PRACTICÆ MONSPELENSIS ÆMULATIONIS PRÆMIUM. Br. 48 mm. FDC.

193 *Orléans.* Buste de Louis-Philippe, à dr. ℞. Vue à vol d'oiseau de l'Hôtel-Dieu (Caqué, 1841). Br. 68 mm. FDC.

194 *Paris.* Établissement de l'hôpital général, 1656 (Mauger). Br. 41 mm. TB.

195 — Établissement de l'Académie de chirurgie, 1774. Br. 60 mm. FDC.

196 — Établissement de l'École de pharmacie, s. d. (Bernet) Br. 38 mm. FDC.

197 — Hospices civils. Buste d'Esculape et légende dans une couronne. Arg. 35 mm. TB.

198 — Société médicale du 2ᵉ arrondissement. Buste d'Esculape et légende. Br. 35 mm. TB.

199 — Variété plus petite. Br. 33 mm. TB.

200 — La Vaccine sous Louis XVIII. Br. 41 mm. TB.

201 — École de chirurgie, 1659. Squelette et main ouverte entourée d'un serpent. Jeton en cuivre troué. Très rare.

202 *Utrecht.* Collège de pharmacie. Cuiv. 53 mm.

203 Société de Saint Vincent de Paul. Receveurs des pauvres de Paris, etc. Br. 13 p. — Comité central de patro-

nage des salles d'asile. Jolie méd. à la tête de l'impératrice Eugénie, ayant appartenu à la comtesse de Persigny. Arg. 63 gr. (Coin de Farochon) TB.

SCEAUX

204 S·ANTOINE ...GVE. Saint Antoine debout, de face; à ses pieds un écusson. Matrice ronde. XVIe siècle. Br. Charnière enlevée.

205 S PIERE DVLONCOVRTIL (Longcourtil). Écu à une patte d'aigle accostée de deux rosaces. Matrice ronde. XVe siècle. Br.

206 S' COLART DVROS. Vierge à l'enfant assise, de face. Matrice ronde. XVe siècle. Br.

207 S·IAQUEMART BOULENGIER. Écu à une pelle à long manche. Matrice ronde. XVIe siècle. Br.

208 SEEL GILLES DE HUQUELIERE. Ange tenant un écu au chevron accosté en chef de deux rosaces, et en pointe d'une rosace. Matrice ronde. XVe siècle. Br.

209 MARTIN OBISSART. Écu heaumé soutenu par deux lions. Matrice ronde. XVIe siècle. Br. Charnière enlevée.

210 S·MARCQ·THIEBAULT. Écu à une roue. Matrice ronde. XVIe siècle. Br.

211 ✠ S'BALDVINI DE SCO DIONISIO CLICI. Fleur entre quatre oiseaux. Matrice ogivale. XIIIe siècle. Br.

212 + S·SCI·CEBASTIANI. Demi-rose et demi-fleur de lis, adossées. Matrice ronde. Appendice trilobé. XIVe siècle. Br.

213 SEEL·DE·LA·PREVOSTE·LE·COMTE. Écu aux armes de Hainaut. Cachet rond à douille. XVIIe siècle. Br.

214 HENISAWT·GOART. Arbre accosté de deux étoiles. Matrice ronde. XVe siècle. Br.

Ces onzes sceaux ont tous été trouvés à Valenciennes ou dans les environs.

215 CVRIA METROPOLIS REMENSIS. Vue de la façade de la cathédrale. Cachet ovale. XVIIIe s. Br.

216 Mairie de Bonneville-sur-Touque (Calvados). Cachet en cuivre de la Révolution. — S'IEHAN LESCHANS. Écu écartelé de la famille Leschamps, de Normandie. Matrice ronde XVe siècle. Br.

217 Quatre cachets gothiques en bronze et deux bulles. Cartons à médailles et brochures. Petit médaillier.

ARCHERS, ARBALÉTRIER, ARQUEBUSIERS, ETC.

218 *Archers.* Tireur à l'arc et couronne. C. B.

219 — SOLI·DEO·HONOR·ET·GLORIA. Arc et carquois en sautoir surmontés de trois croissants entrelacés et couronnés. ℟. Monogramme, au-dessus, écu aux armes de France; au-dessous, 1553. C. B.

220 — Carquois sur un arc et une flèche posés en sautoir et entourés de petites flammes. ℟. Monogramme sur un cartouche. C. B.

221 — Deux archers tirant l'oiseau. ℟. Trois couronnes. C. B.

222 *Arras.* 1er prix d'archers. Fête Ronville, 1858. Br. gravé et doré. 59 millim.

223 *Châlons-sur-Marne.* DECUS.ET.HONOR. Écusson de la ville sur un cartouche couronné; au-dessous, un panton et une butière, une épée et deux drapeaux posés en sautoir. ℟. Dans le champ : PRIX GENERAL A CHAALONS LE.10.SEP[BRE] 1754. Plomb. B.

224 *Compiègne.* Buste de Louis XV. ℟. PRIX GENERAL DE COMPIEGNE. 1729. Écu aux armes de la ville. Cuiv.

225 *Corbeil.* Tête laurée de Louis XV, à dr. ℟. COR BELLO PACE Q : FIDUM. Écu aux armes de la ville sur un cartouche couronné et adossé à des arquebuses et des drapeaux; à l'exergue : ARQUEBUSE DE CORBEIL 1737. C. (Coin de Marteau). TB. et très rare.

226 — Buste de Louis XVI, à dr. Revers semblable au précédent; à l'exergue : ARQUEBUSE DE CORBEIL 1782. C. (Coin de Gatteaux). TB. et très rare.

227 *Coulommiers.* Tête de Louis XVI, à dr. ℟. ARQUEBUSE DE COULOMMIERS. Cartouche aux armes de la ville couronné et adossé à deux arquebuses. C. (Coin de Duvivier). B. Très rare.

228 *Étampes.* ARQUEBUZE ROYALE D'ÉTAMPES. Une arbalète et une arquebuse en sautoir dans une couronne, suspendues par une écharpe au-dessous d'une petite cible. Exergue : AU CHEVALIER EMPEREUR. ℟. Les armes d'Étampes dans une couronne. Arg. 39 mm.

229 — Variété plus petite que la précédente, pour le *Chevalier vainqueur.* Arg. 32 mm.

230 *Ferté-sous-Jouarre.* Tête laurée de Louis XV, à dr. ℟. PRIX PROVINCIAL DE LA FERTE-SOUS-JOUARRE 1766. Cartouche aux armes de La Rochefoucauld, couronné et adossé à deux épées et à deux arquebuses. C. Reproduction.

231 *Lyon.* VICTORI·PRAEMIA·PONIT. Écusson ovale aux armes de Lyon, placé sur un cartouche que soutient une console et qui a pour tenants les figures allégoriques debout du Rhône et de la Saône ; en haut et en bas du cartouche une tête enguirlandée. ℟. ET JOCIS ET BELLO. Deux arquebuses en sautoir liées à la bannière de Lyon ; à l'exergue : ACAD LUGDUNENSIS SCLOPETARIA 1741. Coin de Dubois. Arg. TB.

232 — Ecusson aux armes de la ville, sur un cartouche contourné ayant pour tenants les figures allégoriques du Rhône assis et de la Saône couchée, et se terminant en haut par une petite coquille ; à l'exergue : deux palmes nouées. ℟. précédent. Arg. TB.

233 — Variété avec la coquille plus grande que la précédente. Arg. FDC.

234 *Meaux.* Buste de Louis XV, à dr. ℟. ❀ PRIX.GENERAL. DE.LA.VILLE.DE.MEAUX. 1717. Écusson de la ville sur un cartouche couronné. C. jaune. (Coin de Le Blanc). Très rare.

235 *Meulan.* Buste de Louis XVI. ℟. ARQUEBUSE DE

MEULAN, en trois lignes dans le champ. Arg. (Coin de Duvivier). TB. et très rare.

236 *Nuits*. PRÆMIUM.NUCIACI.REPORTATUM. Armes de Nuits ornées de deux palmes. ℟. LUDENDO. VINCERE.DOCET. Arquebuse sur deux branches de laurier ; au-dessous, 1723. Étain bronzé.

237 *Paris. Arbalétriers*. Grande arbalète entre deux arbalètes plus petites. Méreau uniface du xve siècle. Cuiv. B.

238 — *Arquebusiers*. Buste de Louis XVI. ℟. PER TELA.PER.IGNES. Une arbalète et une arquebuse passées en sautoir sur trois flèches. Étain. TB.

239 — Les armes de Paris dans un riche cartouche orné de palmes et de laurier. ℟. Dans une couronne : EQUITI SCLOPETARIO VICTORI PRIMUM PRAEMIUM URBS PRAEBET. Jolie méd. décernée comme premier prix au tir de l'oiseau par le prévôt des marchands et les échevins de Paris. Br. 68 mm. FDC.

240 — Variété plus petite avec SECUNDUM au lieu de PRIMUN. (2e prix de l'arquebuse). Br. 54 mm. FDC.

241 *Péronne*. AD.VTRVMQVE.PARATVS. Un Chevalier de l'arc à cheval, à g. 2 jetons variés de 1656. C. B.

242 *Provins*. Arquebusiers, 1842 et 1843. Br. 2 p. FDC.

243 *Reims*. Saint-Antoine et trophée, 1707. C. (Coin de Th. Bernard). TB.

244 *Troyes*. Tête de Louis XV, à dr. ℟. ARMIS QUÆRENDUS HONOS. Écusson ovale aux armes de la ville sur un cartouche couronné et adossé à des drapeaux, des arquebuses et des branches de lauriers et de palmiers ; à l'exergue : ARQUEBUSE DE TROYES. Arg. (Coin de Roettiers fils). TB et très rare.

245 — Buste de Louis XVI, à g. Même ℟. Arg. (Coin de Droz). TB. Rare.

246 — Même pièce en étain. TB.

247 — Tête de Louis XVI, à dr. Même ℟. (Coin de Duvivier). Arg. TB.

248 *Villeneuve de Lyon*. COMP[IE] DE L'ARQUEBUZE DE VILLENEUVE DE LYON. Écusson ovale aux armes de la ville sur un cartouche couronné. ℟. SCOPUS

OMNIBUS UNUS 1770. Deux arquebuses posées en sautoir et liées à une cible ; à l'exergue : PATRIÆ ET CONCORDIÆ. Arg. TB. Rare.

249 *Arbalétriers.* Méreau uniface au saint Sébastien. C. et méd. en bronze de la soc. nation. du tir des communes à la tête du président Mac-Mahon. B.

249 *bis. Arbalétriers de Paris.* Arbalète entre deux lis. Revers pareil. C. Rare.

250 *Arquebusiers.* Médaille en plomb au Saint-Antoine. XVIIIe siècle, etc., 3 p.

250 *bis.* Écu de France. ℟. FAVEAT . FORTVNA . SAGITTIS . 1581. Six flèches liées ensemble. C.

250 *ter.* Écus de France et de Navarre. ℟. REGIS ET PATRIÆ (Devise des arquebusiers de Troyes). Armes de la ville de Troyes. C.

251 Six pièces (de 5 francs) de tir, de Bâle, Chaux-de-Fonds, Fribourg, Lugano, Schaffouse, Schwyz et méd. en bronze du tir de Bâle, 1844 et méd. en arg. de Roty.

252 Trois pièces en argent à l'archer parthe.

Préparant en ce moment un travail sur les médailles et jetons des anciennes sociétés françaises d'archers, d'arbalétriers et d'arquebusiers, nous serions bien reconnaissants aux personnes qui voudraient nous signaler les pièces de ce genre qu'ils connaissent.

COLLECTION DE FEU M. SÉCHET

DE NANTES

---

253 Monnaie gauloise des Redons. Billon.
254 *Conan II.* Deniers de Rennes et de Nantes (P. A., 216 et 239).
255 *Conan III.* Denier de Rennes avec IVS (266).
256 *Geoffroi*, comte de Nantes. Deniers à la fleur de lis (271), 2 p.
257 Anonymes. Deniers de Nantes et de Rennes (277 et 293).
258 *Pierre I Mauclerc.* Denier de Guincamp (327 var.).
259 *Jean I.* Deniers de Nantes (347 et 363), 3 p.
260 *Jean II.* Denier à l'écusson fr. à Saint-Brieuc (373).
261 — Denier aux armes (381).
262 *Arthur II.* Deniers de Nantes, 3 var.
263 *Jean III.* Deniers aux armes fr. à Evran, 3 p.
264 *Charles de Blois.* Gros blanc (478), 3 p.
265 — Doubles, deniers, etc., 10 var.
266 *Jean IV.* Grand blanc à l'écu penché et heaumé (863).
267 — Blanc à l'écusson et à la croix cantonnée de deux hermines et de deux couronnes (737).
268 — Cinq mouchetures. ℟. Croix cantonnée de 12 globules et coupant la légende. Blanc fr. à Brest (Caron, III, 11). Rare.
269 — Écu à huit mouchetures d'hermines. ℟. Croix cantonnée aux 1er et 4e d'une moucheture d'hermines, et aux 2e et 3e de trois besants. Gros fr. à Quimperlé (576). Rare.

270 *Jean IV.* ✠ IOHANNES.DEI.GRA. Croix fleuronnée à long pied coupant la légende. ℟. BRITANO RV ⁝ DVX, en deux lignes, sous une couronne ; le tout dans une bordure de fleurs de lis. Gros blanc à la couronne, imité de ceux de Jean le Bon. Exemplaire court de flan. De la plus grande rareté.

271 — Demi-gros, doubles, etc., 12 p.

272 *Jean V.* Blanc aux quatre mouchetures dans une épicycloïde.

273 — Blancs fr. à Nantes, Rennes et Vannes. — Blanc à trois mouchetures sous une couronne (974), 5 p.

274 — Blancs à la targe fr. à Nantes et Rennes et doubles, 4 p.

275 *François II.* Gros blanc et demi-blanc fr. à Rennes.

276 *Anne.* Blanc de Nantes (1366).

277 *Charles VIII.* Douzains fr. à Nantes et à Rennes, hardis et liards, 14 p.

278 *Louis XII et François Ier.* Douzains fr. à Nantes et à Rennes, 6 p.

279 *Henri II.* Teston fr. à Nantes, 1561, et douzains fr. à Nantes et Rennes, 3 p.

280 *Charles IX* et interrègne. Testons 1562 et 1575 fr. à Nantes et à Rennes, 4 var.

281 *Henri III.* Testons fr. à Nantes, 1575 (dates en chiffres et en lettres). 2 var. B.

282 — Teston au buste de Charles IX, fr. à Rennes, 1576. Pièce fausse du temps.

283 — Franc, demi-francs et quarts de franc, fr. à Rennes. 1576, 1577, 1587 et 1588 et deux deniers tournois, 8 p.

284 Les Politiques au nom de Charles X. Quart d'écu fr. à Nantes, 1592.

285 Quart et huitième d'écu fr. à Dinan, 1597 et 1595, par le duc de Mercœur.

286 Henri IV à Louis-Philippe, 45 p. d'argent et de cuivre fr. à Nantes et à Rennes.

JETONS

287 États de Bretagne, mairie de Nantes, de Rennes, etc. 36 jetons parmi lesquels plusieurs refrappes. Arg. et cuivre.

288 *Nantes.* Caisse d'épargne, Conseil municipal, Tribunal de commerce, etc. Arg. et Br., 15 p.

289 *François et Marguerite Lecourt.* Jeton 1624. C.

290 *Angers.* 14 jetons en cuivre et étain.

291 *Orléans.* Maison de ville, marchands, etc. Arg. et bronze, 21 p.

292 *François II et Marie Stuart.* Jeton 1560. Cuiv.

293 *Le marquis d'Entragues.* Jeton rond. Cuiv.

294 Fédération du Mans, 1790 et cinq jetons en cuivre.

MONNAIES ROYALES ET FÉODALES

295 Charles VII à Louis XII, 25 p.

296 *François Ier.* Demi-teston fr. à Lyon (Hoffm. 43).

297 — Douzains à la croisette fr. à Dijon, Lyon, Paris, Rouen, Toulouse et Troyes.

298 *Henri II.* Six douzains variés.

299 *Charles IX.* Testons. Paris, 1562 et Toulouse, 1574.

300 *Henri III.* Teston fr. à Bordeaux, en 1575, sous la régence de Catherine de Médicis, *sans* le titre du roi de Pologne (Hoffm., 7).

301 — Teston fr. à Rennes, 1575. TB.

302 — Demi-franc fr. à Poitiers, 1587. B.

303 — Douzains fr. à Limoges et Paris, 1577 et gros de Nesle fr. à Dijon, etc., 6 p.

304 Charles X à nos jours. 11 p.

305 *Penthièvre et Maine.* 19 deniers.

306 *Anjou.* Deniers et oboles, 7 p.

307 *Chartres*, Vendôme, Châteaudun, Châteauroux, Issoudun et Gien, 9 p.

308 *Nevers*, Souvigny, Limoges, Poitou, La Marche, Rodez, etc., 30 p.

309 *Provence*. Alphonse d'Aragon. Denier et obole à la tête de face et denier au buste, 3 p.

310 — Charles I et II, Robert et Louis, 5 p.

311 *Orange*. Raimond IV, Carlin et 13 monnaies de cuivre.

312 *Valence*, *Vienne et Lyon*. Deniers et oboles, 14 p.

313 *Bourgogne*, *Champagne*, *Brabant*, *etc.*, 16 p. — Lot de cuivre et d'argent.

MONNAIES FIDUCIAIRES, ESSAIS MONÉTAIRES, Etc. [1]

314 Confédération des Français, 1790. Métal de cloche (140). B.

315 Dixain, 1791, Lyon. Métal de cloche (336). FDC.

316 Cinq sols, an IV, 1792. Serment de la garde nationale (431). TB.

317 Cinq et un sols à l'Hercule (434). 2 p. FDC.

318 Deux sols à l'Hercule et à la Pyramide (439). FDC.

319 Monnerons de 2 sols à la Liberté assise, an III et an IV, 4 p. TB.

320 Lefèvre, Lesage et Cie. 20, 10 et 5 sols, 1792. 3 p. Arg. TB.

321 Caisse de Bonne Foi. 3 sols à l'Enfant foudroyant l'hydre, an III et 6 blancs au buste de Minerve (345 et 346). 3 p. B.

322 Manufacture de porcelaine (Potter). 5 sols 1792. Arg. TB.

323 Deux sols de Clemanson et Cie, an IV (454). B.

324 Concours de 1791. Essai de Vasselon au buste de Louis XVI. Br. (329). FDC.

1. Hennin, *Histoire numismatique de la Révolution française*, Paris, 1826.

325 Pièce de 30 sols, 1792, Lille. Br. B.
326 Pièce de 2 sols, 1791 (318). FDC.
327 Même pièce très mince. TB.
328 Sol de Louis XVI gravé.
329 Essai de Jerbeault, 1791 (348). Br. et étain. 2 p. B.
330 Essai du double sol au Génie, 1793 (614 et 618). 2 var. B.
331 Essai du sol au Génie, 1792 (423 et 424). 2 var. B.
332 Essai de Brézin à la Liberté assise, 1792. Légende sur tranche (435). Br. doré. Rare et beau.
332 *bis*. Essai de Bernier à la Liberté assise, 1793. Légende sur tranche (605). Br. B.
333 Cinq décimes de Robespierre, à la fontaine. B.
334 Essai de monnaie, 1793, sans légende sur tranche (618). Br. FDC.
335 Sous fr. en essai, à Metz et à Paris, 1793. B.
336 10 centimes. Serpent, massue et faisceau (678). TB.
337 Pièce d'essai. Un centime, l'an 6, Paris (868). TB. — Centime uniface, 2 p.
338 Essais à la tête de Lavoisier par Gengembre, an 8 et an 9. 2 var. B.
339 Visite du roi et de la reine d'Étrurie à la Monnaie de Paris, 1801. Br. B.
340 Pièce frappée en virole pleine par un nouveau procédé présentée à l'administration des Monnaies par Gatteaux, an 10. Légende sur tranche. Br. FDC.
341 Essai de Gengembre, au buste de Napoléon I, an XII. Br. 2 var. FDC.
342 Essai de Tiolier. Visite du roi de Bavière à la Monnaie de Paris, 1806. Légende sur tranche. Br. FDC.
343 *Louis Napoléon*, roi de Hollande. Pièce de 20 florins, 1808. Br. B.
344 *Jérôme Napoléon*, roi de Westphalie, 2 centimes, 1808. J. (Essai). Br. FDC.
345 *François I*, empereur d'Autriche. Ange de paix, 1814. Module de 2 francs. Légende sur tranche. Arg. FDC.
346 *Frédéric-Guillaume III*, roi de Prusse. Même pièce en étain. TB.
347 *Alexandre I de Russie*. Ange de paix. Module de 5 francs, Br. FDC.

348 *Napoléon II.* 10, 5, 3 et 1 centimes, 1816. Br. FDC.

349 *Louis XVIII.* 10 et 5 cent., 1824 p. les Colonies. Essai. Br. FDC.

350 — Ch.-Ph. de France visite la Monnaie de Paris, 1818. Module de 5 francs. Coin de Tiolier. Légende sur tranche. Br. TB.

351 *Charles X.* Essai de la pièce de 40 fr. par Tiolier. Sans revers. Cuivre plaqué d'or. FDC.

352 — Le prince de Salerne et la duchesse de Berry visitent la Monnaie de Paris, 1825. Module de 5 francs. Coin de Tiolier. Légende sur tranche. Br. TB.

353 *Henri V.* Franc de 1831. Arg. TB.

— Demi-francs, 1832 et 1833. 2 p. Arg. TB.

354 *Louis-Philippe.* Essai de 5 fr. par Domard, 1831. Étain. TB.

355 — Essai de *un* décime, par Domard. Tête, à dr. TB.

356 — — de cinq centimes, par Domard. Tête, à g. TB.

357 — — de trois centimes, par Domard. Tête; à dr. FDC.

358 — Essai 10, 5, 3, 2 et 1 centimes au coq, par Domard. C. rouge. FDC.

359 — Essai 5 centimes au coq. C. jaune. FDC.

360 — — 3 — — —

361 — — Variété de la pièce précédente. Module plus grand. C. j. FDC.

362 — Essai décime, 1847. Cercle de bronze renfermant un disque d'argent. FDC.

363 — Essai 1 décime, 1840. Refonte des monnaies de cuivre. 2 var. TB.

364 — Essai 5 cent., 1840. Même type. FDC.

365 — — (10 cent.). Paris, 1840. C. r. et j. 2 p. FDC.

366 — — (5 cent.). — — 2 var. dans le module. FDC.

367 — Essai 5 centimes, s. d. Type du n° 364. FDC.

368 — — 2 — 1842. FDC.

369 — — (10 et 5 cent.), 1846. Type du n° 365. 2 p. TB.

370 — — 2 centimes, 1846. Type du n° 368. FDC.

371 — — (5 cent.), 1847. Type du n° 369. TB.

372 *Louis-Philippe*. Essai 2 cent., 1847. Type du n° 368. FDC.
373 — — 1 cent., s. d.
374 — — 10 cent. à la charte, 1847. C. r. FDC.
375 — — 5 — — C. j. FDC.
376 — Le roi visite la Monnaie de Rouen, 1831. Module de 5 fr. Arg. FDC.
377 — A son Altesse Ibrahim-Pacha Thonnelier, inv^r de la presse monétaire, en virole brisée. Module de 5 francs. Tranche en relief. Br. FDC.
378 — Au roi Thonnelier auteur de la presse monétaire, 1833. Module de 5 francs. Tranche en relief. Br. FDC.
379 — Épreuve des presses Thonnelier. Module de la pièce de 50 cent. Br. FDC.
380 — Essai monétaire au buste de Louis XIII, 1839. Module du décime. Br. FDC.
381 — Essai. Presse monétaire, 1839. Module du décime. Br. FDC.
382 — Essai de monnoyage, Londres, 1839 (Tiolier et Barre). Module du décime. Br. doré. FDC.
383 — Essai de la presse monétaire de Genève. J. Bovy. Module de la pièce de 50 cent. Br. TB.
384 — Essai. Balancier monétaire, 1844 (V. Rohault et Muzard à Paris). Br. TB.
385 *République*. Essai de 5 francs, 1848, p. Oudiné. Étain. FDC.
386 — Essai de 5 francs, 1848, p. Montagny, 10 cent., p. Moullé. Br. 2 p. FDC.
387 — Essai de Barre. Module de la pièce de 1 fr. C. r. et j. 2 p. FDC.
388 — 5 fr. de Barre. Tête de femme couronnée d'enfants. ℟. Essai de la virole brisée de Thonnelier, 1843. Br. TB.
389 — Essai d'un centime à la tête du président, 1851. Br. FDC.
390 — Essai de la presse monétaire de M. L. Bovy, 1852. Br. TB.
391 — Essai de 5 cent. fr. à Dijon. Cuiv. traversé par une baguette d'argent. TB.

392 — Essai de nickel. Projet Michelin, 1890. 2 centimes. FDC.

393 — Essai de cinq cent. en arg. Projet Michelin, 1892. FDC.

SUPPLÉMENT AUX JETONS

394 *Paris*. Prévôté de Miron, 1616. Allusion au mariage de Louis XIII. C.

395 — Communauté des marchandes de modes, plumassières, fleuristes, 1777. Joli jeton en arg. Rare.

396 — CAMERA·GEN·REFORM·HOSP. Femme allaitant un enfant et assise entre deux enfants ; à l'exergue, 1614. ℟. HÆC·TIBI·CERTA·DOMVS. La Foi conduisant par la main le jeune dauphin Louis, vers une chapelle bâtie sur une montagne ; à l'exergue, 1606. Cercle de cuivre renfermant un disque d'argent d'argent. B. Rare.

397 — G.-J. de L'Épine, doyen de la Faculté de médecine, 1746. Son buste à g. et vue de l'amphithéâtre inauguré par J. de Winslow. C. B.

398 — E.-C. Bourru, doyen de la Faculté de médecine. Son buste à g. et légende, 1787. C B.

399 *Languedoc*. Armes des États. ℟. Armes du cardinal de la Roche. Aymon, archevêque de Narbonne. Arg. Rare.

400 *Sens*. Juges et consuls, 1766. Arg. B.

MACON, PROTAT FRÈRES, IMPRIMEURS.

EN VENTE :

Faivre. — **État actuel des ateliers monétaires et de leurs différents**, coordonné et annoté d'après les documents les plus autorisés avec **Notes additionnelles**. Paris, 1895 et 1897, in-8° de 60 pages en petit texte. Br. 4 fr.

Catalogues à prix marqués de monnaies, médailles, jetons et sceaux de tous pays. 1 fr.

MACON, PROTAT FRÈRES, IMPRIMEURS.

www.ingramcontent.com/pod-product-compliance
Ingram Content Group UK Ltd.
Pitfield, Milton Keynes, MK11 3LW, UK
UKHW021031260726
13994UKWH00005B/2089

9 782329 376110